W0311810

Inhalt

In der Schule

Besondere Nomen

1 Unterstreiche alle acht Nomen!

So ein Pech
Hannes' Wecker klingelt immer pünktlich. Heute hat er ihn überhört. Voller Sorge fragt er sich: „Komme ich noch pünktlich zur Schule?" Zum Glück fährt Mutti ihn schnell hin. Es hat noch nicht geklingelt. Sein Ärger ist verflogen.

2 Schreibe die Nomen mit Artikel auf, die keine Dinge oder Personen bezeichnen!

3 Finde alle Nomen und schreibe sie in der Einzahl und Mehrzahl auf! Achtung: Ein Nomen hat keine Mehrzahl!

groß • angst • riesig • sorge • jetzt
gruß • manche • wut • einige • wunsch

Einzahl | **Mehrzahl**

Welches Nomen kann nur in der Einzahl stehen?

★ Suche Nomen, die Gefühle ausdrücken!

Zusammengesetzte Nomen

1 Vervollständige den Text!

Das neue ______________ hat begonnen. Auf dem ______________ finden die Kinder ein neues ______________. Gespannt warten alle auf die erste ______________. Frau Keller, die ______________, bringt viele neue ______________ mit. Die Stunde beginnt mit einem ______________.

Englischstunde • Schuljahr • Englischlehrerin • Stundenplan
Arbeitshefte • Unterrichtsfach • Begrüßungsspiel

2 Schreibe mit jedem Bestimmungswort
zwei zusammengesetzte Nomen auf!

Bestimmungswort
Englisch, Musik, Sport

Grundwort
das Buch, das Stück, die Tasche,
die Schuhe, das Instrument,
die Halle, das Heft

____

____

____

3 Unterstreiche immer das Grundwort in Aufgabe 2!

★ Bilde mit deinem Lieblingsfach zusammengesetzte Nomen!

Das Abc und Wörterbucharbeit

1 Wie heißen die Wörter?

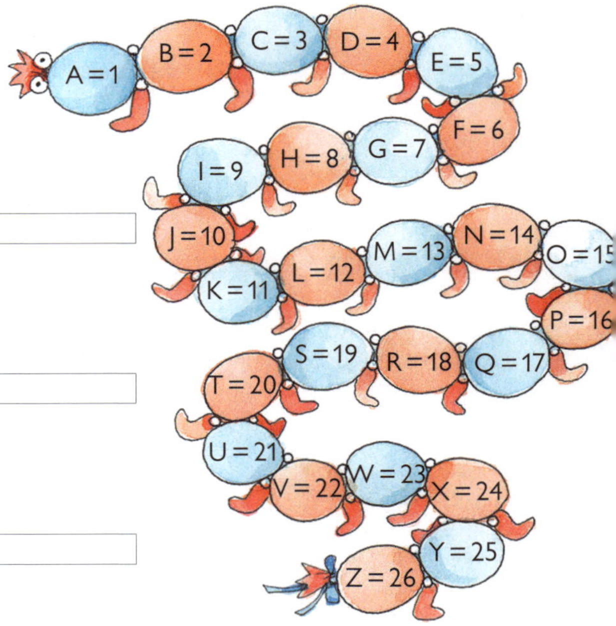

7 12 15 3 11 5

6 18 5 21 4 5

8 21 14 7 5 18

20 18 1 21 5 18

11 18 1 6 20

13 21 20

2 Ordne die sechs Wörter nach dem Alphabet!

3 Aufgepasst! Ordne nun die folgenden Wörter nach dem Alphabet.

helfen – hell – Herz – Herbst – heute

4 Suche die richtigen Stichwörter im Wörterverzeichnis.
Schreibe sie darunter!

du kommst

er tritt

du weißt

die Gräser

die Späße

die Mühlen

★ Suche im Wörterverzeichnis die Buchstaben **C** und **J**.
Finde das jeweils kürzeste und längste Wort dazu!

Wörter mit b und g in der Wortmitte und am Wortende

1 Entscheide!

b oder p

die Lu___e, der Sta___,
der Die___, die Lam___e,
das Sie___

g oder k

der Zwer___, die Musi___,
der Zu___, der Schran___,
die Bur___

2 Bilde die Grundform zu den Tätigkeitswörtern (Verben). Dann entscheide!

b oder p

sie schrei___t ____________
es hu___t ____________
ich ho___se ____________
er le___t ____________
ihr ge___t ____________

g oder k

du brin___st ____________
sie qua___en ____________
er flie___t ____________
ich wie___e ____________
er mer___t ____________

3 Schreibe Sätze!

aus dem Fenster | hopst | der Dieb
tanzt | der Zwerg | um das Feuer
auf der Burg | die Ritter | leben

____

____

____

★ Bilde zum Wort **leben** eine Wortfamilie!

Bist du fit?

Schulstart

Die Klasse 3 a trifft sich zum Gesprächskreis. Sie haben viele Fragen zum neuen Schuljahr. Frau Keller hat auch interessante Ideen. Alle hören ihr gespannt zu. Danach sprechen die Kinder über ihre Wünsche. An erster Stelle steht die Klassenfahrt. Die Freude darauf ist groß.

1 Unterstreiche alle Nomen, die keine Personen oder Dinge bezeichnen!

2 Wähle zwei Nomen aus dem Text aus und schreibe sie in der Einzahl und Mehrzahl auf!

3 Schreibe die vier zusammengesetzten Nomen aus dem Text mit Artikel auf!

4 Bilde zusammengesetzte Nomen!

Lesung, Märchen, Seite, Kinder, Messe, Wörter

BUCH

Bestimmungswort Buch :

Grundwort Buch :

5 Unterstreiche die drei Fehler im zweiten Satz!

Leon schreipt einen Text über eine Burk. 

Frau Keller brinkt neue hefte mit und gipt sie aus.

6 Suche die Wörter im Wörterbuch/Wörterverzeichnis!
Berichtige so:

	Seite im Wörterbuch	**Spalte**
schreibt		

7 Im Gesprächskreis reden die Kinder über die Klassenfahrt.
Schreibe deine Wünsche auf!

Im Herbst

Herbstwanderung

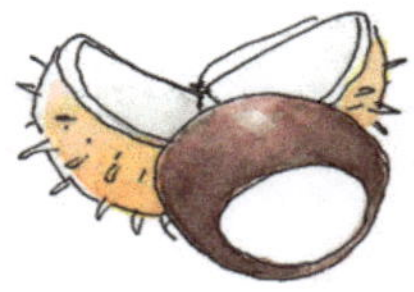

1 Setze die Verben in der richtigen Form ein!

Nach der Schule ______ Felix und Selina durch — gehen

den Park nach Hause. Die ersten Blätter ______ — fallen

bereits von den Bäumen. Felix ______ Kastanien. — sammeln

Plötzlich ______ Selina ein Rascheln. — hören

Ein Eichhörnchen ______ von Ast zu Ast. — springen

Gespannt ______ beide das niedliche Tier. — beobachten

2 Schreibe die Verben in der Grundform auf!

du gehst – gehen	du hörst – ______
sie sammelt – ______	wir springen – ______
ich falle – ______	du beobachtest – ______

3 Unterstreiche Wortstamm und Endung verschieden!

4 Finde passende Verben für die Wortfelder!

______	______
______ **sehen** ______	______ **gehen** ______
erblicken	______

★ Bilde mit dem Wort **Herbst** viele Zusammensetzungen!

SF S.18/19

Versteckte Geschichten

1 Zwei Geschichten haben sich in einem Text versteckt.
Unterstreiche sie mit unterschiedlichen Farben!

Laura und Paul wollen Drachen steigen lassen.
Heute regnet es.
Der Wind weht heute kräftig.
Felix und Selina basteln mit Kastanien.
Auf dem Weg zum Feld treffen sie andere Kinder.
Sie wollen einen kleinen Zoo bauen.
Schnell fliegen die Drachen am Himmel.
Papa bestaunt abends den Zoo.
Sie lassen die Drachen um die Wette fliegen.
Oma hilft den beiden gern.

2 Schreibe für jede Geschichte eine Überschrift
und trage sie in die passende Zeile ein!

3 Suche dir eine Geschichte aus und schreibe sie
in der richtigen Reihenfolge auf!

★ Erzähle die Geschichte von Laura und Paul weiter!

Treffende Adjektive

1 Setze das passende Adjektiv in die Wortgruppe ein!

schwarz gelb

AMSEL

zutraulich laut

der zutrauliche Vogel

der ______ Schnabel

das ______ Gezwitscher

das ______ Gefieder

2 Schreibe die Wortgruppen mit den treffenden Adjektiven!

buschig ______

EICHHÖRNCHEN

______ ______

das ______ Fell

der buschige Schwanz

das ______ Tier

die ______ Zähne

3 Suche Adjektive. Bilde Wortgruppen!

______ ______

WILDSCHWEIN

______ ______

______

______

______

______

★ Schreibe Tierrätsel für deine Mitschüler!

Unterricht im Park

1 Lies den Text und setze die richtigen Satzschlusszeichen!

Die Klasse 3 a trifft sich zum Sachunterricht im Park an der Schule
Frau Keller gibt ihnen den Auftrag: „Erlebt den Park “
Die Kinder überlegen sich Fragen
Was kann ich fühlen
Welche Geräusche höre ich
Wie groß können Bäume werden
In Gruppen geht die Entdeckertour los

2 Bilde vollständige Sätze mit den richtigen Satzzeichen am Ende!

eure Entdeckungen – sprecht über

das weiche Gras – ich – fühle

ihr – die Amsel – hört – singen

alle still – und lauscht – seid doch mal

Wie erlebst du den Herbst? Schreibe oder male es auf!

Wörter mit d in der Wortmitte und am Wortende

1 Im Text stecken sieben Fehler. Suche die Wörter im Wörterbuch/Wörterverzeichnis und schreibe sie richtig darunter!

Im Walt

Johannes wantert mit seinem Freunt zum Waldrand.

Am kleinen feld wollen sie sich eine Hütte bauen.

Sie Schneiden kleine Zweige und binten sie mit einem Band fest.

Paula kommt mit dem Rat vorbei und hilft.

2 Schreibe die verbesserten Nomen aus dem Text in der Einzahl und in der Mehrzahl auf!

der Wald – die Wälder,

3 Finde für die drei berichtigten Verben verwandte Wörter!

★ Schreibe den Text aus Aufgabe 1 als Partnerdiktat!

SF S.26/27

Miteinander leben

Gegenwart (Präsens) und Vergangenheit (Präteritum)

1 Markiere alle Verben im Text!

Das Endspiel meiner Handballmannschaft war ganz spannend. Lange Zeit lagen wir mit einem Tor im Rückstand. Doch unser Tormann hielt fast alle Bälle. Wir liefen über das Spielfeld und warfen fünf Tore hintereinander. Alle klatschten Beifall. Unsere Freunde und Eltern gratulierten uns zum Sieg.

2 Vervollständige die Tabelle!

	Es passierte gestern. Vergangenheit (Präteritum)	**Es passiert heute. Gegenwart (Präsens)**
es	war	
wir		
er		
wir		
wir		
sie		
sie		

3 Schreibe einen Satz aus dem oberen Text in der Gegenwart (Präsens) auf!

★ Bilde alle Vergangenheitsformen (Präteritumsformen) von **fangen** und **schießen**!

SF S.30

Personalpronomen (Fürwörter)

1 Ersetze die fettgedruckten Nomen durch ein passendes persönliches Fürwort (Personalpronomen)!

Felix geht zum Training.

Vor der Halle warten **Tim und Paul**.

Heute möchte **Selina** einmal mitspielen.

Das Spiel beginnt pünktlich um 15.00 Uhr.

2 Bilde sinnvolle Sätze.
Markiere das persönliche Fürwort (Personalpronomen)!

ich, du, wir, ihr	schwimmen, rennen springen, kriechen	schnell, gut hoch, weit

3 Ersetze das Nomen durch ein passendes persönliches Fürwort (Personalpronomen)!

 die Handschuhe

 das Tor

 die Pfeife

 der Ball

★ Verstecke persönliche Fürwörter (Personalpronomen) in anderen Wörtern: **durstig**, **sieben**!

Steckbriefe

1 Was wird gespielt? Lies genau und schreibe es darunter!

Das Spiel dauert zweimal 30 Minuten. Es spielen sechs Feldspieler und ein Tormann. Der Strafstoß heißt Siebenmeter. Der Ball muss ins 3 m breite und 2 m hohe Tor.	Das Spiel dauert dreimal 20 Minuten. Es spielen fünf Feldspieler und ein Tormann. Der Strafstoß heißt Penalty. Der Puck muss ins 1,80 m breite und 1,20 m hohe Tor.	Das Spiel dauert zweimal 45 Minuten. Es spielen zehn Feldspieler und ein Tormann. Der Strafstoß heißt Elfmeter. Der Ball muss ins 7,32 m breite und 2,44 m hohe Tor.
__________	__________	__________

2 Vervollständige den linken Steckbrief!

3 Wähle aus den verbleibenden Sportarten eine aus und vervollständige den Steckbrief!

Name:	Eishockey	Name:	__________
Spieldauer:	__________ __________	Spieldauer:	__________ __________
Spieleranzahl:	fünf Feldspieler, ein Tormann	Spieleranzahl:	__________ __________ __________
Tor:	1,80 m breit 1,20 m hoch	Tor:	__________ __________

★ Schreibe einen Steckbrief zu einer weiteren Sportart!

Eine Geschichte

1 Sammle Wörter für deine Geschichte!

Punktspiel

weit schießen

Schiedsrichter

treffen

2 Schreibe eine Geschichte, die zum Schlusssatz passt!

Das Siegtor fiel in der letzten Minute.

★ Illustriere deine Geschichte!

Wörter mit ch und sch

1 Markiere alle Wörter mit **ch** und **sch**!

T	Ü	C	H	T	I	G	T	A	I	L	O	C	H	C	P	F	M	I	S	C	H	E	N	N	T	E	S	C	H
C	H	R	F	L	E	I	S	C	H	V	S	S	C	H	L	E	C	H	T	A	G	W	A	C	H	E	N	K	T
B	E	O	B	A	C	H	T	E	N	J	N	A	C	H	T	B	L	F	R	I	S	C	H	O	P	S	V	E	U
K	H	Ü	B	S	C	H	X	H	F	O	R	S	C	H	E	N	W	B	H	M	E	N	S	C	H	C	S	N	Q
N	T	F	R	E	C	H	O	A	R	I	E	C	H	E	N	A	Z	F	L	A	S	C	H	E	A	H	L	X	L

2 Sortiere so:

Nomen:

Verben:

Adjektive:

3 Wähle eine Wortart aus und ordne diese nach dem Alphabet!

4 Schreibe zusammengesetzte Nomen!

Bein Decke

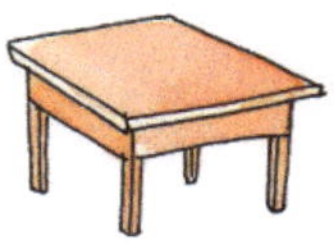

Schmuck Karte

Finde Wörter, die mit **Ch/ch** beginnen!

Bist du fit?

Herbstlauf

Jedes Jahr im Oktober startet die 2. Grundschule ihren Herbstlauf ☐

Gestern war es wieder so weit ☐ Pünktlich 10.00 Uhr begann der Lauf ☐

Zuerst starteten die 1. und 2. Klassen ☐

Frau Keller rief: „Lauft eine Runde ☐ " Die Klasse 1a gewann ☐

Murat aus der 4. Klasse fragte: „Wie viele Runden rennen wir ☐ "

Maria antwortete ihm: „Wir laufen die doppelte Strecke ☐ "

Die Sieger bekamen einen kleinen Pokal ☐

1 Lies den Text und setze die richtigen Satzschlusszeichen!

2 Markiere im Text alle Verben!

3 Sortiere die Verben so:

Gegenwart (Präsens): ______________________

____

Vergangenheit (Präteritum): ______________________

____

4 Ergänze die fehlenden Formen!

Grundform (Nennform)	**Gegenwart (Präsens)**	**Vergangenheit (Präteritum)**
hüpfen	du	du
	ich	ich gewann
	ihr lauft	ihr

5 Überarbeite den Text!
- Ersetze sich wiederholende Nomen durch persönliche Fürwörter (Personalpronomen)!
- Überprüfe die Zeitformen!

Gestern beim Handball verstaucht sich Max die Hand.

Die Hand wird sofort dick.

Max bekommt schnell einen kalten Umschlag.

Max war ganz unglücklich.

Seine Mitschüler trösten ihn.

6 Spieler gesucht! Wie sollte er sein? Schreibe zusammenhängend!

Handball

kräftiger Körperbau

hoch springen

schnell und wurfsicher

möglichst groß

kameradschaftlich

Märchenzeit

Märchensalat

1 Im Text sind sieben Märchen versteckt. Schreibe sie auf!

Aschenputtel besuchte seine Großmutter Dornröschen.
Es brachte Kuchen und Wein in einem Korb mit.
Im Wald traf es einen Frosch, der sich in einen Prinzen verwandelte.
Er wollte sich bei Hänsel und Gretel satt essen,
um dann die sieben Zwerge zu besuchen.
Unterwegs begegnete er auch den Bremer Stadtmusikanten.
Vergnügt zogen sie weiter.

2 Verbinde den Märchentitel mit dem passenden Satz!

Bei der Arbeit halfen ihr die Tauben.

Er brachte der Prinzessin ihr Lieblingsspielzeug.

Die Freunde zogen in eine große Stadt.

Das Mädchen hörte nicht auf den Rat seiner Mutter.

1 ____________________

2 ____________________

3 ____________________

4 ____________________

5 ____________________

6 ____________________

7 ____________________

____

Beide naschten vom Hexenhaus.

Sie stach sich beim Spinnen in den Finger und fiel in einen langen Schlaf.

Sie war die Schönste im ganzen Land und hatte treue Freunde.

★ Erzähle dein Lieblingsmärchen den Mitschülern!

SF S.39

Aufgepasst! Neue Märchen

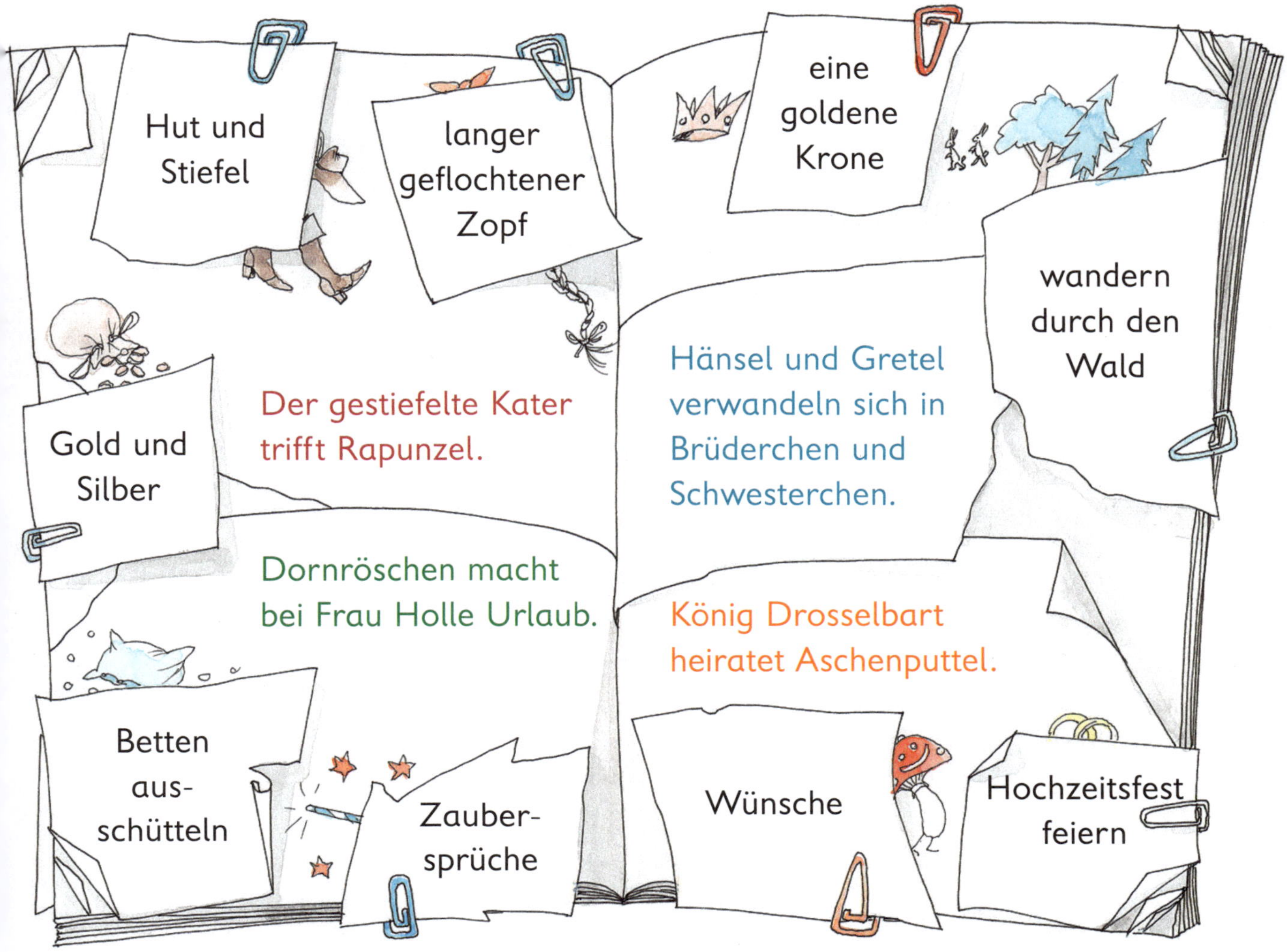

1 Entscheide dich für eine Möglichkeit aus dem Märchenbuch! Schreibe dazu ein neues Märchen!

Es war einmal

★ Beschreibe eine Märchenfigur deiner Wahl!

Es war einmal

1 Setze die Verben in der Vergangenheitsform (Präteritum) ein!

Rotkäppchen ______ der Großmutter Kuchen und Wein. bringen

Schneewittchen ______ bei den sieben Zwergen. wohnen

Die Bremer Stadtmusikanten ______ durchs Land. ziehen

Rapunzel ______ sein langes Haar herunter. lassen

Hänsel und Gretel ______ an den Lebkuchen. knabbern

König Drosselbart ______ über den Marktplatz. reiten

2 Schreibe die Personalformen mit der dazugehörigen Grundform (Nennform) auf!

Personalform in der Vergangenheit (Präteritum)	**Grundform (Nennform)**
es brachte	bringen

3 Unterstreiche die Personalformen, bei denen sich der Wortstamm ändert!

★ Finde ungewöhnliche alte Verben in Märchen!
weben …

SF S. 42

Was passiert im Märchenland?

1 Bilde mit jedem Baustein Zusammensetzungen!

____

____

____

____

____

2 Setze die passenden zusammengesetzten Verben ein!

Wein und Kuchen _______________

Rotkäppchen _______________ Wein und Kuchen _______.

die goldene Kugel _______________

Der Frosch _______________ die goldene Kugel _______.

die Betten _______________

Frau Holle _______________ fleißig die Betten _______.

in den Turm _______________

Die böse Zauberin _______________ Rapunzel in den Turm _______.

Pfefferkuchen _______________

Hänsel und Gretel _______________ Pfefferkuchen _______.

mitbringen
ausschütteln
abbrechen
einschließen
auffangen

★ Im Märchenland begegnen dir oft die Zahlen 3 und 7.
Suche einige Beispiele dazu!

Wörter mit ng und nk

1 Reime!

Junge	krank	schlingen	eng	denken
Z	Sch	k	str	l

2 Kennzeichne die Wörter einer Wortfamilie mit der gleichen Farbe!

klingen	du bringst	der Klang	mitbringen
denken	du schenkst	er denkt	das Geschenk
bringen	der Gedanke	geschenkt	gedacht
schenken	verklungen	das Mitbringsel	es klingt

3 Schreibe eine Wortfamilie heraus und finde weitere Wörter dazu!

4 Welche Wörter lassen sich trennen?

der Punkt • dunkel • auffangen • der Dank • die Menge • denken
ich zankte • langsam • bringen • die Schränke • eng

Schreibe so: brin-gen,

★ Suche mehrsilbige Wörter mit **ng** oder **nk**, die du trennen kannst!
Ge-schenk-pa-pier …

SF S. 44/45

Im Winter

Satzglieder

1 Markiere die Satzglieder unterschiedlich!

Der Schnee fällt heute in dichten Flocken vom Himmel.

Selina und Franzi rodeln.

In der Kurve fällt Franzi vom Schlitten.

Andere Kinder bauen auf dem Spielplatz einen großen Schneemann.

2 Schreibe einen Satz und verwende alle Satzglieder!

mit Jenny	vor der Schule	baute	Julia	gestern	einen Schneemann

____

____

3 Ergänze weitere Satzglieder! Bilde immer längere Sätze.

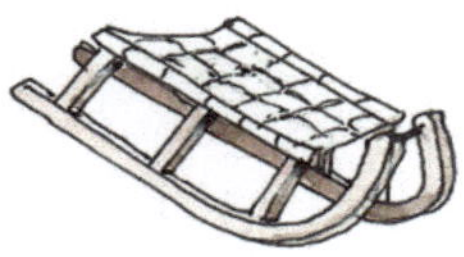

Wann? Felix fährt ______________.

Wann? Womit? Felix fährt ______________ ______________.

Wann? Womit? Wie? Felix fährt ______________ ______________ ______________.

Wann? Womit? Wie? Wohin? Felix fährt ______________ ______________ ______________ ______________.

★ Bilde einen langen Wintersatz!

Eine Bastelanleitung

So entsteht eine Schneekugel:

- ein Glas mit Deckel
- Klebstoff
- ein kleiner Schneemann aus Plastik
- Wasser
- Glitzerflocken

1 Schreibe eine Bastelanleitung!

Man braucht:

Zuerst

Zum Schluss

★ Schreibe eine Grußkarte für den, der deine Schneekugel erhält!

Sätze umstellen

1 Stelle den Satz um! Finde zwei Möglichkeiten!

Felix und Selina laufen mit Schlittschuhen um die Wette.

2 Stelle die Satzglieder so um, dass der Text für den Leser interessanter klingt!

Lena erzählt:
Ich habe gestern einen Schneemann gebaut.
Ich habe zuerst drei Schneekugeln gerollt.
Ich habe sie dann aufeinandergestellt.
Ich habe danach dem Schneemann einen alten Hut aufgesetzt.
Ich habe Gesicht und Bauch lustig verziert.
Ich habe mich darüber am Ende sehr gefreut.

★ Schreibe Satzglieder auf Kärtchen und lass deinen Partner Sätze bilden!

Zusammengesetze Verben

1 Bilde alle möglichen Verben, die du kennst!

an auf ab um aus hin

ziehen: ____________________

____

kommen: ____________________

____

klopfen: ____________________

____

2 Setze in den Lückentext die Verben ein!

Emma und Franzi ______ ihre Schlitten den Berg ______. hochziehen

Sie ______ beim Start ______. ankommen

Emma ______ Franzi mit ihrem Schlitten ______. abstoßen

Dabei ______ sie ______ und ______ ______. ausrutschen, hinfallen

Schnell ______ sie wieder ______. Franzi aufstehen

______ ______. Plötzlich ______ ihr Schlitten ______. losfahren, umkippen

Sie ______ wie ein Schneemann ______. aussehen

Franzi ______ sich den Schnee ______ und abklopfen

______ schnell ______. weiterfahren

★ Erkläre die Begriffe **Biathlon** und **Snowboard**!

SF S.53

Wörter mit doppeltem Mitlaut

1 Schreibe die Reimwörter auf und markiere den kurzen Selbstlaut!

ne ◯ en   zi ◯ ern   fa ◯ en   la ◯ en   schli ◯ ern

re ◯ en   ke ◯ en   wi ◯ ern   pa ◯ en

tt			
nn			
ss			

2 Finde Wörter mit doppeltem Mitlaut und vervollständige die Tabelle!

mm	pp	rr	ll

3 Entscheide, ob kurzer oder langer Selbstlaut!

n oder nn	**s oder ss**	**f oder ff**
die To ___ e	der E ___ el	die Karto ___ el
die Kro ___ e	die Nu ___	das U ___ er
der To ___	der Schlü ___ el	der O ___ en
die Ka ___ e	das Gra ___	die Gira ___ e

★ Finde Wörter mit **dd**!

Bist du fit?

1 Am Nachmittag treffen sich einige Kinder der Klasse 3 a in der Eishalle.

2 Tim trainiert schon seit einem Jahr Eisschnelllauf.

3 Seine Freunde wollen es heute auch ausprobieren.

4 Felix fällt sofort hin.

5 Er steht auf und lacht.

6 Paul und Selina halten sich gegenseitig fest.

7 Trotzdem haben alle viel Spaß.

1 Schreibe alle Wörter mit doppeltem Mitlaut heraus und kennzeichne den kurzen Selbstlaut (.)!

offen

2 Im Text stehen vier zusammengesetzte Verben. Schreibe sie auf!

3 Schreibe Satz 4 und Satz 5 in der Vergangenheitsform (Präteritum) auf!

Satz 4:

Satz 5:

4 Verwende alle Satzglieder in einem Satz!

alle Kinder | gemeinsam | Eishockey | zum Schluss | spielen

5 Stelle den Satz um!

6 Bilde aus den Satzgliedern einen Fragesatz!

7 Wie baust du einen Schneemann? Schreibe eine Anleitung dazu!

Man braucht:

Zuerst

Das tut mir gut

Eine Bildergeschichte

1 Betrachte die Bilder und sammle Wörter dazu!

meine Wörter:

Schwimmhalle,	werfen, tauchen,	die beste Mannschaft,
am Nachmittag,	Wasserball, ______	gratulieren, ______
______	______	______
______	______	______

2 Schreibe eine Geschichte mit deinen Wörtern!

______

______

______

______

______

______

Denke daran:
Überschrift
Einleitung
Hauptteil
Schluss

★ Was kannst du alles in der Schwimmhalle machen?
Spiele es deinen Mitschülern vor und lasse sie raten!

SF S.61

Prädikate

1 Was tun die Kinder in der Schwimmhalle gern?
Finde zu jedem Bild das treffende Verb!

1 

2 

3 

4 

2 Vervollständige die Sätze und markiere die Prädikate!

1 Benni ______ gern im tiefen Wasser.

2 Maria ______ schon die fünfte Bahn.

3 Max ______ vom Startblock ins Wasser.

4 Alle ______ gemeinsam Wasserball.

3 Wähle Prädikate aus und setze sie ein!

Ina ______ ihre Badetasche.

Tamara ______ ihre Haare.

Dominik ______ unter die Dusche.

gehen
packen
trocknen
bauen
helfen

4 Frage nach den Prädikaten aus Aufgabe 3!

★ Verwende folgende Verben als Prädikate in Sätzen:
föhnen, **rutschen** und **spritzen**!

Im Schwimmbad

1 Markiere die Zahlwörter!

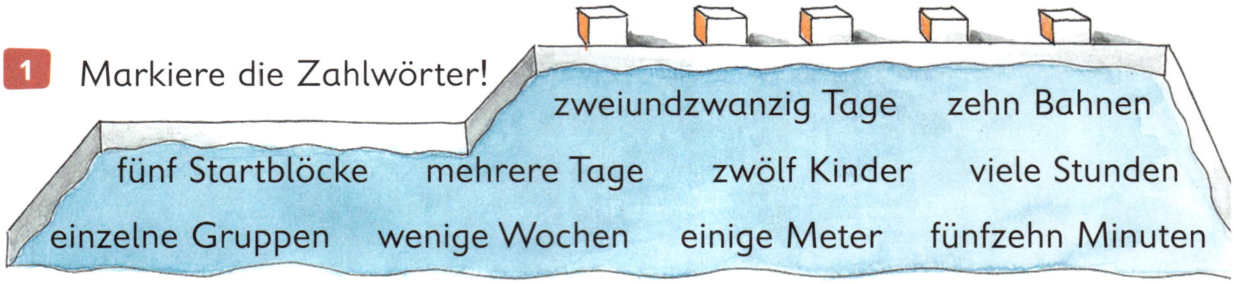

2 Ordne so:

bestimmte Zahlwörter (5): ____________________

____

unbestimmte Zahlwörter (5): ____________________

____

Abc **3** Finde zu den Verben mindestens ein verwandtes Nomen und unterstreiche den Wortstamm!

schwimmen ____________________

duschen ____________________

springen ____________________

tauchen ____________________

fallen ____________________

spritzen ____________________

werfen ____________________

spielen ____________________

★ Manchmal steckt das Nomen im Verb: **schlafen – der Schlaf**, **tanzen – der Tanz**. Suche weitere Beispiele!

Wörter mit ck und tz

1 Kurzer oder langer Selbstlaut?
Sprich die Wörter deutlich und entscheide dann, ob **ck** oder **k**!

die Brü ___ e • der Kro ___ us • qua ___ en • die Ja ___ e
glü ___ lich • der Spu ___ • e ___ eln • der Ha ___ en • di ___
wir schme ___ en • le ___ en

2 Finde passende Wörter.
Markiere den kurzen Selbstlaut (.)!

atz: kratzen,

etz: verletzen,

itz: der Blitz,

otz: der Trotz,

utz: schmutzig,

3 Markiere die Fehler!
Schreibe die Wortgruppen richtig auf!

der helle blitz | ___

die Schmutzige Jake || ___

ein Stück Zukker | ___

die Dicke mütze || ___

das Eis leken | ___

Manche Wörter aus anderen Sprachen werden aber mit **kk** und **zz** geschrieben. Entdecke solche Wörter!

Früher und heute

Spielen früher

1 Lies den Text genau. Markiere die Antworten auf die Fragen im Text!

Seit etwa 100 Jahren gibt es Spielzeug für Kinder.

Seit wann gibt es Spielzeug?

Für das Spielen blieb den Kindern von Arbeiterfamilien in der Stadt und von Bauern auf dem Land wenig Zeit. Sie besaßen kaum Spielzeug.

Wie viel Zeit blieb den Kindern zum Spielen?

Die Kinder trafen sich draußen und spielten gemeinsam Murmel- und Kreiselspiele. Es gab keine Kinderzimmer.

Wo spielten die Kinder?
Was spielten die Kinder gemeinsam draußen?

Die Mädchen liebten besonders Puppen und Kaufmannsläden. Eisenbahn und Zinnfiguren wünschten sich die Jungen.

Was liebten Mädchen?
Was wurde Jungen geschenkt?

2 Verwende die Antworten als Stichpunkte!

Stichwortzettel:

etwa 100 Jahre

★ Erforsche, welche Spielzeuge es heute nicht mehr gibt!

SF S.72

Gegenwart (Präsens) und Vergangenheit (Präteritum)

1 Verbinde die Personalformen in der Vergangenheitsform (Präteritum) mit der dazugehörigen Grundform (Nennform)!

es blieb · sie hatten · sie besaßen · sie gab · sie trafen · sie liebten

lieben · geben · treffen · haben · besitzen · bleiben

2 Übertrage die Verbformen in die Tabelle und vervollständige die fehlenden Formen!

spielen · er war · er lacht · sie peitschte · sie rannte

Gegenwart (Präsens)	Vergangenheit (Präteritum)	Grundform (Nennform)
wir	wir	spielen

3 Setze die Verben in der richtigen Zeitform ein!

Früher ________ die Kinder mit dem Griffel auf einer Schiefertafel.

Sie ________ auf festen Holzbänken.

Zum Spielen ________ nur wenig Zeit.

Die Kinder ________ im Haushalt.

schreiben
sitzen
bleiben
helfen

★ Erkläre deinen Mitschülern die Verben **kreiseln**, **murmeln** und **klimpern**!

SF S. 72

Fragerunde

1 Setze in den Sprechblasen die richtigen Satzschlusszeichen!

2 Schreibe das Gespräch ab, setze die Satzzeichen!

1 Die Lehrerin fragt: „Womit ____________________

Selina antwortet: ____________________

2 Nun fragt die Lehrerin: ____________________

____

________ meint: ____________________

3 Frau Keller fragt: ____________________

____

Felix ruft: ____________________

____

4 Zum Schluss fragt sie: ____________________

________ sagt: ____________________

★ Erkunde, was Stammbuchbilder sind! Gibt es diese noch heute?

SF S.74

Wörter mit pf und t

1 Setze richtig ein!

1 ein Körperteil
2 eine Frucht
3 ein Küchengegenstand
4 steigt beim Kochen auf
5 ein Reittier
6 eine Wasserlache
7 eine Futterschüssel

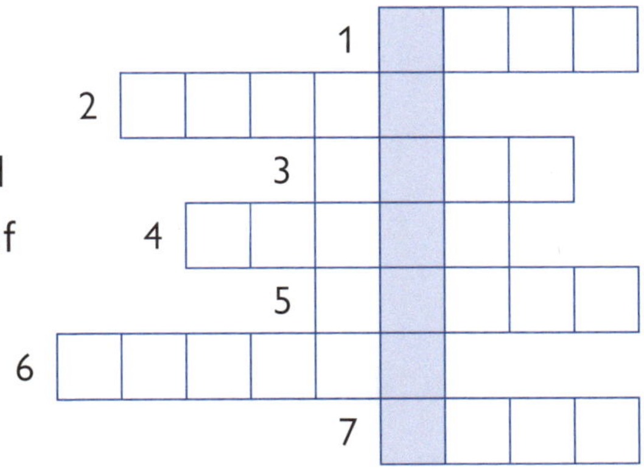

Das Lösungswort heißt: ______________________

2 Finde verwandte Wörter zum Lösungswort aus Aufgabe 1 und schreibe sie auf!

____

____

3 Entschlüssele die Adjektive!

tlak   tierb   tiew   tla   trah   thciel

______   ______   ______   ______   ______   ______

4 Schreibe mit jedem Adjektiv aus Aufgabe 3 eine Wortgruppe!

____

____

____

____

★ Was ist ein Teppichklopfer und wofür brauchte man ihn?

Bist du fit?

1 Max fuhr drei Tage auf Klassenfahrt.
2 Dort ging er mit einigen Freunden auf Erkundungstour.
3 Dabei entdeckten sie viele verschiedene Spielgeräte.
4 Neugierig kletterte Max auf die Hängebrücke.
5 Nur zwei Jungen folgten ihm mutig.
6 Auf einmal rief Felix: „In fünfzehn Minuten gibt es Mittagessen."
7 Schnell rannten alle zum Haus.

1 Markiere im Text die bestimmten Zahlwörter rot und die unbestimmten Zahlwörter blau!

2 Schreibe die sieben Verbformen in der Vergangenheitsform (Präteritum) mit dem dazugehörigen persönlichen Fürwort (Personalpronomen) heraus!

3 Frage in den Sätzen mit „Was tut ...?" oder „Was tun ...?" nach dem Prädikat!

		Prädikat
1		
3		
7		

4 Schreibe Satz 7 in der Gegenwartsform (Präsens)!

5 Setze die fehlenden Satzzeichen!
Markiere die Redebegleitsätze farbig! Ergänze die letzte Frage!

Die Kinder haben Fragen zur Steinzeit.
Felix fragt Wie wärmten sich
die Steinzeitmenschen
Frau Keller sagt Sie hatten ein großes Feuer
in der Höhle, was nicht ausgehen durfte
Max fragt: Was für Werkzeuge besaßen sie
Frau Keller antwortet Sie hatten Nähnadeln aus Knochen
und Messerklingen aus Feuerstein Ina möchte wissen:

6 Lies den Text genau und notiere wichtige Informationen
auf dem Stichwortzettel!

In der Steinzeit

Das Leben in der Steinzeit war gefährlich und hart.
Durch das anstrengende Leben wurden die Menschen kaum älter als 30 Jahre.
Sie wohnten in Höhlen und trugen Felle als Kleidung.
Die Steinzeitmenschen ähnelten uns sehr.
Sie waren kleiner als wir heute und hatten eine niedrige Stirn.
Steinzeitmenschen gingen jagen, fischen und konnten besonders gut Fährten lesen.

Im Frühling

Winter ade!

1 Finde Adjektive, die zum Frühling passen!

Herbst: nass, regnerisch, feucht, bunt, neblig, windig, grau

Frühling: ______ ______ ______ ______ ______ ______

2 Setze „… **als**“ oder „**so** … **wie**“ mit dem Adjektiv ein!

Am 20. März hat der Frühling begonnen.

Am Frühlingsanfang ist der Tag ______ die Nacht. lang

Bei uns auf der Nordhalbkugel werden die Tage wieder

______ die Nächte. Somit werden lang

die Nächte ______ die Tage. Außerdem wird es kurz

nun langsam ______ im Winter. Die Bäume warm

werden ______ im letzten Jahr. Auch die Vögel grün

singen ______ bisher. Auf der Südhalbkugel laut

dagegen wird es langsam ______ bei uns kühl

im September. Dort beginnt nämlich der Herbst.

★ Wähle zwischen Sommer und Winter und finde passende Adjektive!
Du kannst auch ein kleines Plakat gestalten.

SF S. 80

Ein Streitgespräch

1 Setze die passende Form des Adjektivs in das Streitgespräch ein!

Eiche: Mein Stamm ist __________ als deiner. dick

Kastanie: Dafür sind meine Früchte viel __________ groß

als deine Eicheln.

Eiche: Meine Blätter haben die __________ Form. schön

Kastanie: Ich habe die __________ Wurzeln lang

und meine Rinde ist __________ als deine. glatt

Eiche: Aber ich werde __________ als du. alt

2 Ergänze die Tabelle.
Achte auf die Selbstlaute!

Grundstufe	Mehrstufe	Meiststufe
	dicker	
	größer	
		am schönsten
		am längsten
alt		
glatt		

★ Finde Adjektive, die man nicht steigern kann!
tot, gleich …

Prädikat und Wörter mit st/sp

1 Kennzeichne die Wortgrenzen durch Striche!

2 Schreibe alle Verben aus der Wortschlange heraus!

3 Wähle passende Verben aus Aufgabe 2 und setze sie ein!

Der Storch ______ / ______ sein Nest.

4 Finde 9 Wörter mit **St/st** oder **Sp/sp** und markiere sie!

B	E	S	P	R	E	C	H	E	N
S	T	U	N	D	E	S	S	Ü	M
P	X	S	T	I	F	T	T	W	Z
I	S	T	E	R	N	I	A	U	S
T	S	P	A	Z	I	E	R	E	N
Z	B	S	P	A	ß	L	K	I	G

5 Schreibe die Wörter mit **St/st** und **Sp/sp** auf!

Sp/sp

St/st

★ Sprich diese Sätze so schnell du kannst!
Mein Spitzer spitzt Stifte spielend spitz.

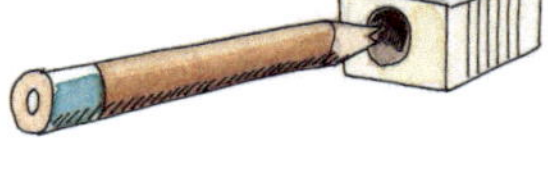

Mit Wörtern spielen

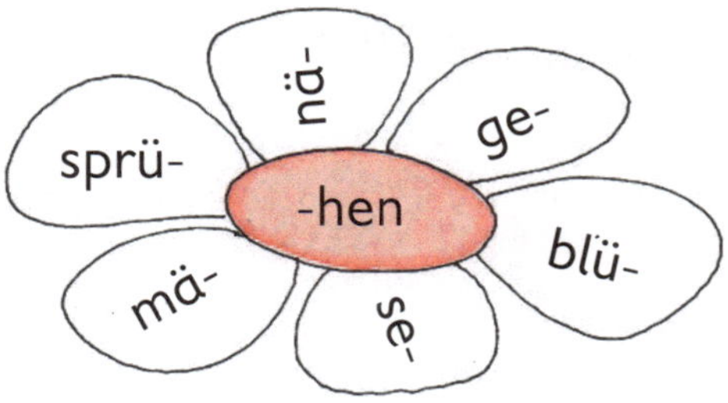

1 Finde Reimwörter.
Schreibe sie auf!

wehen | **krähen** | **glühen**

2 Bilde acht neue Wörter. Verwende beide Verben!

3 Schreibe die Wörter einer Wortfamilie zusammen!

salzig • tänzerisch • beherzt • versalzen • herzlich
tanzen • Meersalz • herzen

Salz

Herz

Tanz

★ Erkläre die Bedeutung der Wörter **beherzt** oder **herzen**!

Der Natur auf der Spur

In einem Baum

In einem Baum, ihr glaubt es kaum,
da wohnen viele Tiere.
Kleine Schnecken, große Schnecken,
Vögel, die uns morgens wecken.
Schau es dir doch an,
freue dich daran.

In einem Baum, ihr glaubt es kaum,
da wohnen viele Tiere.
Kleine Spinnen, große Spinnen,
Käfer in der Rinde drinnen.
Schau es dir doch an,
freue dich daran.

In einem Baum, ihr glaubt es kaum,
da wohnen viele Tiere.
Eichhörnchen und kleine Maus
haben hier ihr großes Haus.
Schau es dir doch an,
freue dich daran.

Wolfgang Lunghardt

1 Unterstreiche im Gedicht, für wen der Baum ein Zuhause ist!

2 Schreibe einen Aufruf zum Schutz von Bäumen!

Rettet unsere Bäume

★ Der Baum als Lebensraum für Tiere
Überlegt, warum auch wir Menschen die Bäume brauchen!

SF S.90

Auf Entdeckertour

1 Frage in den farbigen Sätzen nach dem Subjekt.
Schreibe die Fragen und Antworten auf!

Ich fuhr mit meinem Rad in den Wald.

Doch plötzlich kam ein Sturm auf.

Regen prasselte auf meinen Mantel.

Zum Glück fand ich einen Baum als schützendes Dach.
Schnell war das Unwetter vorüber.
Doch nun beobachtete ich seltsame Dinge.
Ein Hase fütterte einen Mann.

Eine Maus jagte die Katze.

Mit Tempo flitzte eine Schnecke durch den Garten.

Zum Glück war alles nur ein Traum.

Frage	**Subjekt**

★ Was könnte noch Seltsames im Wald passieren? Schreibe es auf!

1 Bilde weitere Traumsätze. Ergänze das Prädikat!

spielten • flog • putzte • lieh

Nach dem Regen ________ die Schnecke ihr Haus.

Der Hase ________ ihr dazu seinen Putzeimer.

Maus und Katze ________ gemeinsam mit einem Ball.

Und ich ________ mit meinem Fahrrad nach Hause.

2 Wie könnte es richtig sein? Bilde sinnvolle Sätze!

	Die Schnecke	beobachtete	schnell nach Hause.
	Der Hase	piepste	vor Freude.
	Die Maus	radelte	schnell in ihr Haus.
	Die Katze	kroch	durch den Wald.
	Ich	hoppelte	die fröhliche Maus.

3 Schreibe die sinnvollen Sätze aus Aufgabe 2 auf!

 ____________________

 ____________________

 ____________________

 ____________________

 ____________________

★ Male ein Bild zu dem Traum im Wald!

SF S.93

Veränderungen in Wortfamilien

1 Benenne die Bilder.
Schreibe die Wörter in der Einzahl und Mehrzahl mit Artikel auf!

 ______________ ______________

 ______________ ______________

 ______________ ______________

 ______________ ______________

 ______________ ______________

2 Trage die fehlenden Buchstaben **a**, **au** ein.
Markiere die Wörter einer Wortfamilie mit der gleichen Farbe!

N ___ cht	traumhaft	Jäger	übernachten
Tr ___ m	Baumstamm	nachts	Jagdhund
J ___ gd	nächtlich	aufbäumen	Träumer
B ___ m	jagen	träumen	Baumkrone

3 Verwandle die Tiere in Tierkinder.
Verwende die Wortbausteine **-chen** und **-lein**!

Affe ______________ Frosch ______________

Huhn ______________ Hase ______________

Hund ______________ Wurm ______________

★ Aus **a** wird **ä**. Welche Selbstlaute verändern sich auch?
Schreibe Beispiele auf!

SF S.94/95

Bist du fit?

Die Sonne scheint ______ der Mond.  hell

Der Polarstern leuchtet ______ andere Sterne. hell

Im Süden ist es meist ______ bei uns. warm

Im Sommer ist es manchmal ______ im Süden. warm

1 Vergleiche! Verwende an den passenden Stellen „… als“ oder „so … wie“!

2 Trage die fehlenden Wörter richtig ein!

Die Schnecke möchte der Raupe zum Geburtstag gern

etwas ______. Sie ______ an — schneken, dknet

einen ______ mit ______ und — Qurak, Plzien

______. Ob die Raupe das mag? Die Schnecke — Güwzeern

berät sich mit dem Regenwurm und der Schlange. Gemeinsam

entscheiden sie, für die Raupe zu ______. — tenzan

Die Raupe ______ sich für das ungewöhnliche — benkadt

______ und fühlt sich wie auf ______. — Gschenek, Weklon

3 Markiere die acht Fehler im Text!

Im Märtz sind die Nechte noch kald. Trotzdem blüen die ersten Blumen in den Gerten. Schon frü hört man das laude Zwitschern der Vögel. Das erfreut unsere Hertzen.

4 Bringe die Sätze in die richtige Reihenfolge!

veranstalten | Die Raupe und die Schnecke | ein Wettrennen.

das Startzeichen | Die Schlange | für dieses Ereignis. | zischt

liegt | auf dem Boden. | Der Regenwurm | als Ziellinie

5 Markiere die Subjekte und die Prädikate!

6 Zum Wettlauf sollen viele Zuschauer kommen.
Schreibe einen Aufruf!

Wusstest du schon?

1 Beschrifte die Abbildung!

Tastatur
Mauspad (sprich: Mauspäd)
Bildschirm (Monitor)
Rechner (im Tower)
Scanner (sprich: Skenner)
USB-Stick
Drucker
CD-ROM
Maus

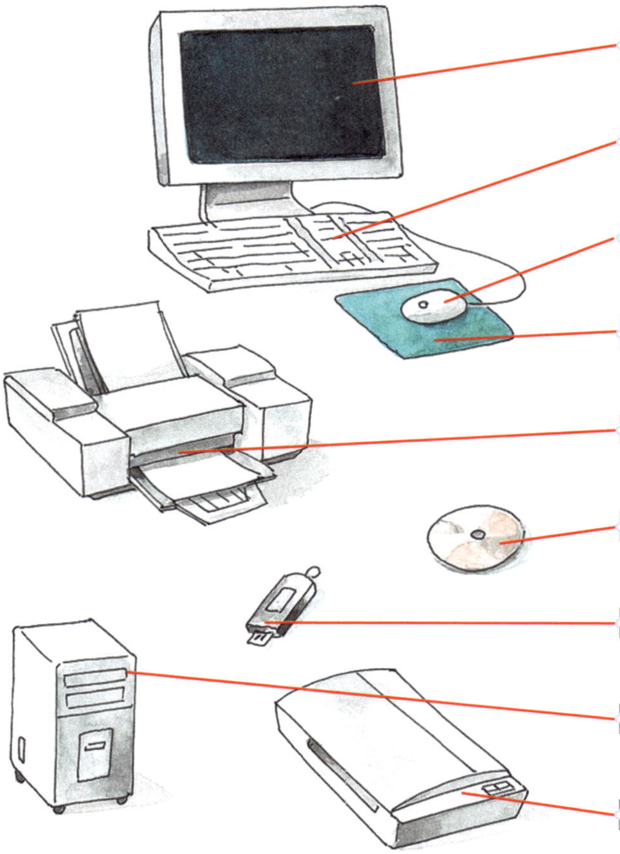

2 Welche Erklärungen passen zu den **englischen Verben**? Verbinde!

surfen (sprich: ßörfen)	Das Wort bedeutet: herunterladen. Aus dem Internet kannst du Bilder, Texte oder Melodien auf deinen Computer überspielen.
mailen (sprich: mäilen)	Auf Deutsch heißt das Wort: plaudern. Über das Internet kannst du mit Hilfe der Tastatur mit anderen „reden“.
downloaden (sprich: daunloden)	Darunter versteht man das Springen von einer Internetseite zur nächsten.
chatten (sprich: tschätten)	Damit ist das Verschicken von E-Mails gemeint. Eine E-Mail ist elektronische Post, die in wenigen Sekunden durchs Internet geschickt werden kann.
simsen	Eine SMS schicken.

★ Übe das Zeichen @!

Wobei der Computer noch nicht helfen kann

1 Wie packe ich meinen Ranzen richtig? Ordne die Stichworte!

Schulsachen für den nächsten Tag bereitlegen

Stundenplan ansehen

Sachen auspacken

Vollständigkeit der Hausaufgaben kontrollieren

Ranzen auf Stuhl

ordentlich einpacken

2 Verwende die Wörter aus Aufgabe 1 für deine Anleitung!

3 Kreise deine verwendeten Prädikate ein!

★ Schreibe deine Anleitung für dein Kinderzimmer übersichtlich mit dem PC!

Gut gemeinte Ratschläge

1 Unterstreiche die Verben!

Täglich packe ich meinen Ranzen um.

Ranzen umpacken

Dafür sehe ich zuvor im Stundenplan gewissenhaft nach.

Ich nehme nämlich keine unnötigen Sachen mit.

Vor allem packe ich kein Spielzeug ein.

2 Schreibe nun zu jedem Satz einen Stichpunkt auf die freie Zeile!

3 Unterstreiche in den Stichworten die Verben!

4 Vergleiche die Prädikate aus den Sätzen mit denen in den Stichpunkten. Schreibe auf, was sich verändert hat!

★ Wer packt täglich seinen Ranzen um? Befrage Mitschüler und Freunde und lass dir die Antwort begründen!

Rechtschreibprüfung mit dem PC

1 Markiere alle Fehler!

Ich zäle schon die Tage bis zum Wochenende.

Dann faren wir mit der Familie ans Meer.

Wir wonen bei Freunden und gehen täglich an den Strand.

Wenn das Wetter kül ist, ziehen wir die Windjacken an.

2 Das Rechtschreibprogramm im Computer gibt dir folgende Verbesserungsvorschläge. Schreibe die richtige Korrektur auf!

zäle: zähe, zähle

faren: fairen, fahren, faden, faxen

wonen: woben, wogen, wohnen

kül: kgl, kühl

3 Markiere alle Wörter einer Wortfamilie mit der gleichen Farbe!

Anführer | Fühler | Bohrmaschine

umrühren | abführen | Gefühl | anbohren

fühlbar | Rührung | Bohrinsel | Vorführung

★ Setze folgende Wörter passend ein:
Ohren, Uhr, fahren, wohnen, ihre, wahr

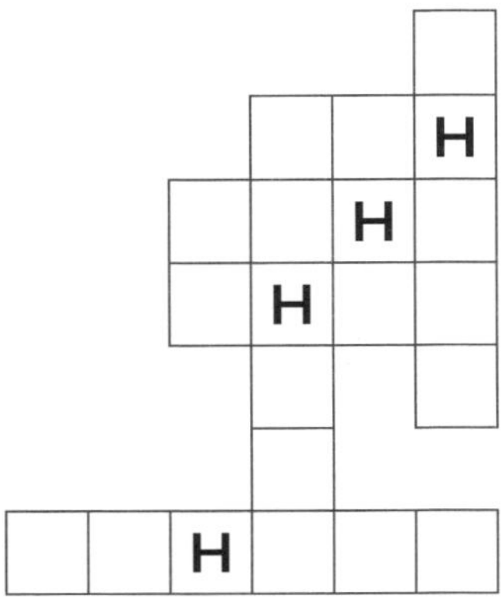

Mit Tieren leben

Die Katze

1 Lies den Sachtext!

Die Katze ist ein seit Jahrhunderten vom Menschen gehaltenes Haustier. Sie stammt von einer Wildkatze ab. Die Vierbeiner haben einen runden Kopf mit zwei kleinen Ohren, Schnurrhaare, einen langen Schwanz und ein weiches, dichtes Fell. Ihr Fell kann verschiedene Farben haben oder auch getigert sein. Katzen werden im Durchschnitt drei bis sechs Kilogramm schwer. Katzen können sich sehr geschickt bewegen und klettern. Außerdem können sie mit ihren Katzenaugen vor allem in der Dämmerung sehr gut sehen. Katzen werden etwa 12 bis 14 Jahre alt.

2 Unterstreiche mit vier Farben, was du über die Abstammung, das Aussehen, Besonderheiten und das Alter von Katzen im Text erfährst. Formuliere dann Stichworte!

★ Schreibe die ungewöhnlichsten Tiere auf, die du zu Hause haben kannst!

SF S.106

Liebe Lehrerinnen und Lehrer,

die bundesweiten Vergleichsarbeiten (VERA) zur Lernstandserhebung sind in der Grundschule mittlerweile zu einem festen Bestandteil geworden. Sie werden jährlich gegen Ende der dritten Klasse durchgeführt und sollen das Erreichen der Bildungsstandards überprüfen sowie Hinweise zur Verbesserung der Lernleistungen und für die Weiterentwicklung des Unterrichts geben. Dazu gehört auch die Verbesserung der Diagnosegenauigkeit.
Sich über einen längeren Zeitraum auf Aufgaben zu konzentrieren, ist für viele Schülerinnen und Schüler ungewohnt und anstrengend. Das gilt auch für die Erfahrung, unter Zeitdruck zahlreiche, zum Teil noch unbekannte Aufgabenformate ohne Hilfsmittel bearbeiten zu müssen.

Mit den vorliegenden Lernstandserhebungen möchten wir Ihre Schülerinnen und Schüler und Sie selbst unterstützen:

- Den Schülerinnen und Schülern sollen die Lernstandserhebungen helfen, sich mit sorgfältig ausgewählten Aufgaben, wie sie auch in den Vergleichsarbeiten verwendet werden, **auf die ungewohnte Testsituation vorzubereiten**. Möglicherweise vorhandene Ängste können so abgebaut und es kann Sicherheit gegenüber der zukünftigen Testsituation gewonnen werden.
- Bei Ihrer **täglichen förderdiagnostischen Arbeit** sollen die Lernstandserhebungen Sie unterstützen und dabei helfen, aktuelle Lernstände und vorhandene Kompetenzen Ihrer Schülerinnen und Schüler in den verschiedenen inhaltlichen Bereichen einzuschätzen und den individuellen förderdiagnostischen Bedarf zu ermitteln.

Die Aufgaben sind an den KMK Bildungsstandards sowie den Lehr- und Bildungsplänen der Bundesländer orientiert und fokussieren die dort beschriebenen Lernziele und zu erreichenden Kompetenzen.
Im **Auswertungsbogen** werden neben den **Aufgabenlösungen** das jeweilige **Niveau** der Aufgabe sowie die jeweils fokussierten **Fähigkeiten, Fertigkeiten und Kenntnisse** beschrieben, die zur Aufgabenbewältigung im Wesentlichen benötigt werden.
In Anlehnung an die drei in den KMK Bildungsstandards angeführten Anforderungsbereiche „Wiedergeben“, „Zusammenhänge herstellen“ sowie „Reflektieren und beurteilen“ (vgl. Bildungsstandards im Fach Deutsch für den Primarbereich, Beschluss vom 15. 10. 2004, S. 17) und die VERA-Fähigkeitsniveaus 1–3 (vgl. VERA, Hinweise zur Weiterarbeit, Erläuterungen zu den Deutschaufgaben 2009, S. 2) sind den Aufgaben der vorliegenden Lernstandserhebungen drei Niveaustufen zugeordnet, die entsprechend *grundlegende, erweiterte* und *fortgeschrittene* Fähigkeiten erfordern.

Niveau 1: „Wiedergeben" → erfordert grundlegende Fähigkeiten
Das Lösen der Aufgabe erfordert die Wiedergabe bekannter Informationen und die Anwendung grundlegender Verfahren und Routinen.
Niveau 2: „Zusammenhänge herstellen" → erfordert erweiterte Fähigkeiten
Das Lösen der Aufgabe erfordert das Erkennen von Zusammenhängen, das Verknüpfen von Informationen sowie das Anwenden erworbenen Wissens und bekannter Methoden.
Niveau 3: „Verallgemeinern, reflektieren und beurteilen" → erfordert fortgeschrittene Fähigkeiten
Das Lösen der Aufgabe erfordert den Umgang auch mit neuen Sachverhalten und das Entwickeln eigenständiger Beurteilungs- und Lösungsansätze.

Der Auswertungsbogen der Lernstandserhebungen bietet darüber hinaus Platz für Ihre **Beobachtungen und Notizen** zur Einschätzung des jeweiligen Lernstandes des Kindes im Rahmen Ihrer förderdiagnostischen Arbeit.

Den Schülerinnen und Schülern ermöglicht ein einfaches Smiley-System auf den Testseiten die **Selbsteinschätzung** und schafft so eine Basis zur Reflexion des eigenen Lernstandes. Gemeinsam mit dem Kind können anschließend die Ergebnisse aus der Selbsteinschätzung und Ihre Einschätzungen aus dem Auswertungsbogen in einem förderdiagnostischen Gespräch zu einem Gesamtbild zusammengefügt und Lernziele sowie nächste Lernschritte vereinbart werden. Dabei kann es im Sinne einer dialogisch orientierten Förderdiagnostik sehr aufschlussreich sein, nach Lösungswegen und Erklärungen bei falsch gelösten Aufgaben zu fragen, um Einblicke in die Denkwege Ihrer Schülerinnen und Schüler bei der Lösung einer Aufgabe zu bekommen.

Die Lernstandsseiten erheben nicht den Anspruch, eine kontinuierliche Beobachtung und Dokumentation des Lernverlaufs sowie förderdiagnostische Maßnahmen zu ersetzen. Sie können aber einen wichtigen Beitrag zu Ihrer alltäglichen förderdiagnostischen Arbeit leisten.

Ihr Cornelsen Verlag

Erarbeitet von:	Rüdiger-Philipp Rackwitz
Redaktion:	Birgit Waberski
Illustrationen:	Gabriele Heinisch
Layout und technische Umsetzung:	Birgit Riemelt, Panketal

Liebe Schülerin, lieber Schüler,

mit diesen Aufgaben kannst du herausfinden, was du schon gut kannst und was du noch üben solltest.

Bearbeite die Aufgabenblätter so:

1. Schreibe deinen Namen und das Datum oben auf jedes Blatt.
2. Lies dir die Aufgabe in Ruhe durch.
3. Bearbeite die Aufgabe.
4. Wenn du bei einer Aufgabe nicht weiterkommst, mache bei der nächsten weiter und versuche es später noch einmal. Du kannst auch jemanden um Hilfe fragen.
5. Wenn du eine Aufgabe bearbeitet hast, kreuze an, wie leicht oder wie schwierig du sie findest:

   Diese Aufgabe
   ☺ kann ich gut lösen
   😐 kann ich nur zum Teil lösen
   ☹ kann ich gar nicht lösen

Es gibt verschiedene Aufgabenarten:

Bei manchen Aufgaben sollst du die richtige Antwort ankreuzen.
Beispiel: Was hängt in der Schule? Kreuze an.

☐ Waffel ☒ Tafel ☐ Tante

Meistens ist nur eine Antwort richtig. Wenn mehrere Antworten richtig sind, steht in der Aufgabe „Kreuze **alle** richtigen Antworten an."

Bei manchen Aufgaben sollst du etwas in einem Text **unterstreichen** oder ein falsches Wort **durchstreichen**.

Beispiele: <u>Wort</u> ~~Wort~~

Bei manchen Aufgaben sollst du die Antwort **aufschreiben**.
Bei Aufgaben mit einer kurzen Schreiblinie reicht es, ein oder zwei Wörter aufzuschreiben. Bei längeren Linien solltest du einen oder mehrere Sätze schreiben.

Viel Spaß und viel Erfolg!

Name: Datum:

Wie ist mein Ergebnis?

☺ 😐 ☹

1 Ordne die Wörter nach dem Alphabet und schreibe sie in der richtigen Reihenfolge auf.

Tante	Tinte	Teller	Tulpe	Tonne

☺ 😐 ☹

2 Finde die Sätze. Trage nach jedem Satz ein passendes Satzzeichen ein: . ! ?

Achtung hier musst du genau hinsehen welche Wörter bilden einen Satz pass gut auf so schwer ist es nicht hast du alle Sätze gefunden

☺ 😐 ☹

3 Schreibe den Text mit den Satzzeichen ab. Worauf musst du am Satzanfang achten?

☺ kann ich gut lösen 😐 kann ich nur zum Teil lösen ☹ kann ich gar nicht lösen

Name: Datum:

Wie ist mein Ergebnis?

4 Unterstreiche alle Adjektive.

Ein braunes Eichhörnchen sammelt Vorräte
für den kalten Winter. Es versteckt kleine Nüsse
und runde Eicheln in dunklen Baumhöhlen
und unter dicken Wurzeln.
Wenn es im Winter Hunger hat,
holt es die Nahrung wieder
aus den Verstecken.

5 Schreibe alle Adjektive aus dem Text mit dem dazugehörenden Nomen in der Einzahl auf. Verwende den richtigen Artikel.

das braune Eichhörnchen

6 Welcher Satz steht in der Vergangenheit? Kreuze an.

- ☐ Die Sonne scheint.
- ☐ Morgen wird es regnen.
- ☐ Hans ging auf den Spielplatz.

☺ kann ich gut lösen ☹ kann ich nur zum Teil lösen ☹ kann ich gar nicht lösen

Name: Datum:

Wie ist mein Ergebnis?

☺ 😐 ☹

7 Bilde passende Adjektive zu den Nomen.

der Schmutz – schmutzig

der Ärger – ____________

die Eile – ____________

der Hunger – ____________

der Freund – ____________

der Zorn – ____________

☺ 😐 ☹

8 Verbinde die Wörter mit dem gleichen Wortstamm.

dunkel ■	■ die Trage
trägt ■	■ die Drehung
schnell ■	■ die Schnelligkeit
dreht ■	■ die Dunkelheit

☺ 😐 ☹

9 Schreibe die Verben in der Grundform auf.

es wächst – ____________

sie ging – ____________

es schneit – ____________

er fuhr – ____________

es klang – ____________

Gut gemacht! Jetzt hast du alles geschafft!

☺ kann ich gut lösen 😐 kann ich nur zum Teil lösen ☹ kann ich gar nicht lösen

Name: Datum:

Wie ist mein Ergebnis?

1 Wortarten: In jedem Kasten gehört ein Wort nicht dazu. Streiche es durch.

fliegt	niesen	blühte	fröhlich	trinken

kalt	hoch	scheint	offen	lang

2 Schreibe den Text ab. Setze dabei die Verben in die Vergangenheitsform.

Luca, Jarno und Lilli fahren zum See.
Erst schwimmen sie eine Runde, dann spielen sie Fußball.
Anschließend holen sie sich ein Eis am Kiosk.
Mit dem Fahrrad geht es ab nach Hause.

☺ kann ich gut lösen 😐 kann ich nur zum Teil lösen ☹ kann ich gar nicht lösen

Name: Datum:

Wie ist mein Ergebnis?

☺ 😐 ☹

3 Aus welchen Wörtern sind diese Nomen zusammengesetzt? Schreibe die Wörter auf.

der Schreibtisch

schreiben + der Tisch

das Schwimmbad

___ + ___

die Lesebrille

___ + ___

der Wandertag

___ + ___

das Schlafzimmer

___ + ___

☺ 😐 ☹

4 Finde die sechs Nomen und schreibe sie mit ihrem Artikel auf.

WARTEN SONNIG FRÜHLING ÖFFNET DOSE

ÄRGERN KLEID WÜTEND SCHREIT FELD

BUNT KAUFTE GRÜN KREIDE BRIEF SCHNEITE

☺ kann ich gut lösen 😐 kann ich nur zum Teil lösen ☹ kann ich gar nicht lösen

Name: Datum:

Wie ist mein Ergebnis?

☺ 😐 ☹

5 Ersetze die unterstrichenen Wörter durch ein passendes Verb.

flüstern	kritzeln	quatschen	kreisen	zeichnen	gleiten

Ein Adler fliegt am Himmel.

Franziska malt ein Bild.

Alex redet mit Lea.

6 Steigere die Adjektive.

☺ 😐 ☹

kühl, kühler, am kühlsten

stark,

heiß,

scharf,

häufig,

Gut gemacht! Jetzt hast du alles geschafft.

☺ kann ich gut lösen 😐 kann ich nur zum Teil lösen ☹ kann ich gar nicht lösen

Name: Datum:

Wie ist mein Ergebnis?

☺ 😐 ☹

1 Ein Wort passt nicht. Streiche es durch.

die	das	von	ein	der	eine

☺ 😐 ☹

2 Setze die Adjektive in der richtigen Form ein.

Melissa ist 9 Jahre alt. Sie ist 2 Jahre ______ *(alt)* als ihr ______ *(klein)* Bruder Max. Am Wochenende besuchen die beiden ihre Großeltern. Sie wohnen in einem Dorf, auf einem ______ *(groß)* Bauernhof. Dort gibt es ______ *(viel)* Tiere und nur ______ *(wenig)* Verkehr. Die Luft ist viel ______ *(frisch)* als in der Stadt. Wenn Melissa und Max zu Besuch kommen, bäckt ihre Oma immer einen ______ *(süß)* Blaubeerkuchen. Am ______ *(schön)* ist es, wenn ihnen Opa am Abend noch eine ______ *(spannend)* Geschichte erzählt, bevor sie einschlafen.

☺ kann ich gut lösen 😐 kann ich nur zum Teil lösen ☹ kann ich gar nicht lösen

Name: Datum:

Wie ist mein Ergebnis?

3 Unterstreiche in jedem Satz das Subjekt (den Satzgegenstand).
Schreibe die Frage nach dem Subjekt (Satzgegenstand) darunter.

Melissa ist 9 Jahre alt.

____

Oma wohnt auf einem Bauernhof.

____

Opa erzählt eine Geschichte.

____

4 Unterstreiche in jedem Satz das Prädikat (die Satzaussage).
Schreibe die Frage nach dem Prädikat (der Satzaussage) darunter.

Oma stellt einen Kuchen auf den Tisch.

____

Melissa und Max schlafen.

____

Sie besuchen ihre Großeltern.

____

Name: Datum:

Wie ist mein Ergebnis?

☺ 😐 ☹

5 Setze die passenden Personalpronomen (persönlichen Fürwörter) ein. Du kannst sie mehrfach verwenden.

ich	er	sie	es	wir	ihr

Max ist 7 Jahre alt. ______ hat eine ältere Schwester.

______ heißt Melissa. Melissa und Max freuen sich,

denn ______ besuchen ihre Großeltern. Ihre Großeltern

wohnen in einem Bauernhaus. ______ steht in einem Dorf.

Opa fragt die beiden: „Wollt ______ mir helfen, die Tiere

zu füttern?" „Au ja, ______ helfen dir gerne!", antwortet Melissa.

Max sagt: „______ möchte bitte die Hühner füttern."

☺ 😐 ☹

6 Wortfamilien: Ergänze die Tabelle.

Nomen	Verb	Adjektiv
der Schlaf		schläfrig
	regnen	
		stürmisch
das Salz		
		feierlich

Gut gemacht! Jetzt hast du alles geschafft!

☺ kann ich gut lösen 😐 kann ich nur zum Teil lösen ☹ kann ich gar nicht lösen

Auswertungsbogen Lernstandserhebungen Deutsch Sprache, Klasse 3

Name: ______ Klasse: ______

Lernstandserhebung 1 durchgeführt am ______

Aufgabe	Niveau	Fähigkeiten, Fertigkeiten und Kenntnisse	Lösungen	Beobachtungen und Notizen
1	1	• Kenntnis des Alphabets • Wörter nach dem Alphabet sortieren • Sortierregeln kennen und anwenden	Tante, Teller, Tinte, Tonne, Tulpe	
2 bis 3	2, 3	• Sätze als Sinneinheit erkennen und abgrenzen • sinnvolle Sätze bilden • Satzzeichen (. ! ?) setzen • Großschreibung am Satzanfang	Achtung! Hier musst du genau hinsehen. Welche Wörter bilden einen Satz? Pass gut auf! So schwer ist es nicht. Hast du alle Sätze gefunden?	
4	1, 2	• Wortart Adjektiv kennen, bestimmen und unterscheiden	braunes, kalten, kleine, runde, dunklen, dicken	
5	2	• bestimmte und unbestimmte Artikel unterscheiden • Geschlecht des Nomens kennen und Artikel zuordnen • aus der Mehrzahl die Einzahl bilden • Deklination von Adjektiven (Nominativ Singular) • fehlerfrei abschreiben	der kalte Winter die kleine Nuss die runde Eichel die dunkle Baumhöhle die dicke Wurzel	
6	2	• Zeitformen kennen, unterscheiden und bestimmen (Vergangenheit)	Hans ging auf den Spielplatz.	
7	2, 3	• Prinzip der Wortfamilie und des Wortstammes kennen • Wortbildungsprozesse kennen • Adjektive durch Ableitung mit den Wortbausteinen -ig oder -lich bilden	ärgerlich eilig hungrig freundlich zornig	
8	2, 3	• Prinzip der Wortfamilie und des Wortstammes kennen • Grundform und Wortstamm von Verben bestimmen • Wörter gleicher Wortfamilien erkennen und zuordnen	dunkel – die Dunkelheit trägt – die Trage schnell – die Schnelligkeit dreht – die Drehung	

Niveaustufen: **1** = „Reproduzieren" → erfordert grundlegende Fähigkeiten **2** = „Zusammenhänge herstellen" → erfordert erweiterte Fähigkeiten **3** = „Verallgemeinern, reflektieren und beurteilen" → erfordert fortgeschrittene Fähigkeiten

Auswertungsbogen Lernstandserhebungen Deutsch Sprache, Klasse 3

Name: ____________ Klasse: ____

Lernstandserhebung 1 durchgeführt am ________

Aufgabe	Niveau	Fähigkeiten, Fertigkeiten und Kenntnisse	Lösungen	Beobachtungen und Notizen
9	1, 2	• Verben in der Personalform erkennen • Zeitformen (Gegenwart, Vergangenheit) von Verben erkennen • Grundform von Verben herleiten	wachsen gehen schneien fahren klingen	

Lernstandserhebung 2 durchgeführt am ________

Aufgabe	Niveau	Fähigkeiten, Fertigkeiten und Kenntnisse	Lösungen	Beobachtungen und Notizen
1	1	• Wortart Verb in der Grundform, Personalform und Zeitform kennen, unterscheiden und bestimmen • Wortart Adjektiv kennen, unterscheiden und bestimmen	fröhlich scheint	
2	2, 3	• Personalform von schwachen und starken (regelmäßigen und unregelmäßigen) Verben in der Vergangenheit bilden	Luca, Jarno und Lilli fuhren zum See. Erst schwammen sie eine Runde, dann spielten sie Fußball. Anschließend holten sie sich ein Eis am Kiosk. Mit dem Fahrrad ging es ab nach Hause.	
3	2	• Wortbildungsprozesse kennen • Wortbildung aus Verb + Nomen kennen • zusammengesetzte Nomen analysieren • Grundform von Verben bestimmen • Geschlecht des Nomens kennen und Artikel zuordnen	schwimmen + das Bad lesen + die Brille wandern + der Tag schlafen + das Zimmer	

Niveaustufen: **1** = „Reproduzieren" → erfordert grundlegende Fähigkeiten **2** = „Zusammenhänge herstellen" → erfordert erweiterte Fähigkeiten **3** = „Verallgemeinern, reflektieren und beurteilen" → erfordert fortgeschrittene Fähigkeiten

Auswertungsbogen Lernstandserhebungen Deutsch Sprache, Klasse 3

Name: ______________ Klasse: ____

Lernstandserhebung 2 durchgeführt am ________

Aufgabe	Niveau	Fähigkeiten, Fertigkeiten und Kenntnisse	Lösungen	Beobachtungen und Notizen
4	2, 3	• Wortarten Nomen, Verb (in Grundform und Personalform), Adjektiv kennen und voneinander unterscheiden	der Frühling, die Dose, das Kleid, das Feld, die Kreide, der Brief	
5	2, 3	• Wortbedeutungen kennen • Wortfelder bestimmen • Synonyme finden • Personalformen von Verben bilden	kreist *oder* gleitet kritzelt *oder* zeichnet flüstert *oder* quatscht	
6	1, 2	• Steigerung von Adjektiven	stark, stärker, am stärksten heiß, heißer, am heißesten scharf, schärfer, am schärfsten häufig, häufiger, am häufigsten	

Lernstandserhebung 3 durchgeführt am ________

Aufgabe	Niveau	Fähigkeiten, Fertigkeiten und Kenntnisse	Lösungen	Beobachtungen und Notizen
1	1	• bestimmte und unbestimmte Artikel kennen und unterscheiden • Artikel von Präposition unterscheiden	von	

Niveaustufen: **1** = „Reproduzieren" → erfordert grundlegende Fähigkeiten **2** = „Zusammenhänge herstellen" → erfordert erweiterte Fähigkeiten **3** = „Verallgemeinern, reflektieren und beurteilen" → erfordert fortgeschrittene Fähigkeiten

Auswertungsbogen Lernstandserhebungen Deutsch Sprache, Klasse 3

Name: ____________ Klasse: ____

Lernstandserhebung 3 durchgeführt am ____________

Aufgabe	Niveau	Fähigkeiten, Fertigkeiten und Kenntnisse	Lösungen	Beobachtungen und Notizen
2	2, 3	• deklinierte Adjektive einsetzen • Steigerungsform von Adjektiven in Abhängigkeit vom Kontext einsetzen	älter kleiner großen viele wenig frischer süßen schönsten spannende	
3	1, 2	• Subjekt (Satzgegenstand) bestimmen • Nach dem Subjekt (Satzgegenstand) fragen	Melissa – Wer ist 9 Jahre alt? Oma – Wer wohnt auf einem Bauernhof? Opa – Wer erzählt eine Geschichte?	
4	1, 2	• Prädikat (Satzaussage) bestimmen • Nach dem Prädikat (der Satzaussage) fragen	stellt – Was macht Oma? schlafen – Was machen Melissa und Max? besuchen – Was machen sie?	
5	2, 3	• Personalpronomen (persönliche Fürwörter) kennen und in Abhängigkeit vom Kontext einsetzen • Großschreibung am Satzanfang	Er, Sie, sie, Es, ihr, wir, Ich	
6	2, 3	• Prinzip der Wortfamilie und des Wortstammes kennen • Wortbildungsprozesse kennen • Grundform von Verben kennen oder herleiten • Nomen kennen oder herleiten • Geschlecht des Nomens kennen und Artikel zuordnen • Adjektive durch Ableitung mit den Wortbausteinen -ig, -lich, -isch bilden	der Schlaf – schlafen – schläfrig der Regen – regnen – regnerisch der Sturm – stürmen – stürmisch das Salz – salzen – salzig die Feier – feiern – feierlich	

Niveaustufen: **1** = „Reproduzieren“ → erfordert grundlegende Fähigkeiten **2** = „Zusammenhänge herstellen“ → erfordert erweiterte Fähigkeiten **3** = „Verallgemeinern, reflektieren und beurteilen“ → erfordert fortgeschrittene Fähigkeiten

Die Zirkuskatzen

1 Lies den Text. Was sagt die Katze Miez und was die Katze Mauz? Unterstreiche mit zwei verschiedenen Farben!

In einem Haus in einer kleinen Stadt lebten zwei Katzen, die eine hieß Miez und die andere Mauz. Miez fragte: „Ach, Mauz, ist dir auch so langweilig?“ Mauz antwortete: „Ach ja, es gibt ja nichts zu tun. Keine Mäuse zu fangen, keine Vögel zu erschrecken, nichts! Herrchen und Frauchen sind auch nicht da, und niemand spielt mit uns.“ Eines Tages kam ein Zirkus in die Stadt.

2 Was könnten Miez und Mauz noch gesagt haben? Schreibe passende Begleitsätze und setze die Satzzeichen der wörtlichen Rede!

fragen

______ : Wollen wir Kunststücke üben, damit wir auch im Zirkus auftreten können

prahlen

______ : Ich kann durch einen brennenden Reifen springen

vorschlagen

______ : Lass uns im Zirkuswagen mitfahren

3 Miez und Mauz haben heute frei. Sie haben sich viel vorgenommen.

	Wer oder was?		**Wen oder was?**	
suchen	Mauz	putzt	das Fell	Zirkusdirektor
trinken				~~Fell~~
~~putzen~~				Maus
ärgern				Wasser
jagen				Futter

★ Schreibe, was Miez und Mauz noch erleben könnten!

Tierisches

1 Finde die passenden Prädikate!

Die Katze ____________ auf weichen Pfoten.

Der Hamster ____________ im Laufrad.

Die Maus ____________ den Käse.

schleichen
springen
schwimmen
knabbern
laufen
fressen

2 Frage nun in jedem Satz nach dem Subjekt!

Wer oder was schleicht auf weichen Pfoten?

Wer oder was

3 Schreibe zu diesen Tieren einen Satz
und markiere Subjekt und Prädikat!

Hund • Spinne • Frosch • Lama • Elefant

★ Stelle ein Wortfeld zusammen, wie Tiere sich bewegen können!

SF S.109

Wörter mit ie, ieh

1 Trage die Wörter ein!

Vögel können
Gegenteil von wenig
man kann sie singen
Nachfolger der 6
Gegenteil von stehen
fleißiges Insekt

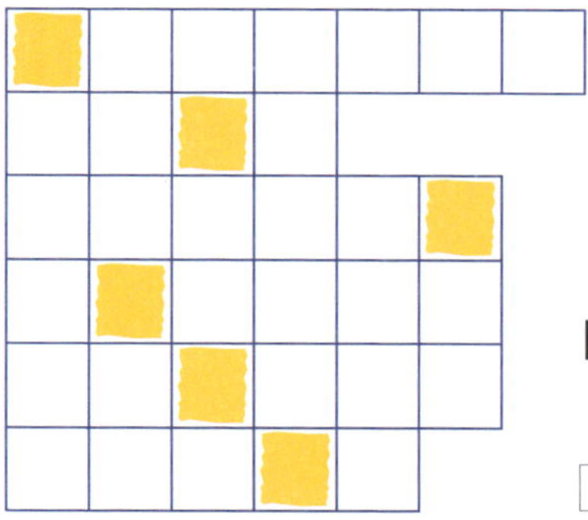

Lösungswort:

2 Schreibe die Sätze in der Vergangenheitsform (Präteritum)!

Ein Nashorn schläft auf einer Wiese.

Eine Fliege landet auf seinem Kopf und bleibt sitzen.

Dies gefällt dem Nashorn, da die Fliege es kitzelt.

3 Kennzeichne die Wortgrenzen der Wörter mit ieh!
Schreibe alle einmal auf!

★ Sammle zusammengesetzte Wörter mit dem Grundwort **Papier**!

Bist du fit?

Laura und Erik sitzen am Computer.
Sie bereiten einen Vortrag über Hauskatzen vor.
Laura schaltet den Computer ein.
Erik bringt seine Kenntnisse aus der Computer-Arbeitsgemeinschaft ein.
Er schlägt schnell die richtigen Seiten auf.
Laura schreibt wichtige Informationen ab.
Erik scannt ein Bild ein.
Zum Schluss liest sie alles noch einmal vor.
Nun drucken sie den Text farbig aus.

1 Markiere Subjekt und Prädikat!

2 Schreibe die Grundform (Nennform) der zusammengesetzten Verben auf!

3 Setze **ah**, **eh**, **oh**, **uh** ein und bilde sinnvolle Wörter!

H __ n

R __ m

w __ nen

n __ men

St __ l

M __ l

4 Unterstreiche die wörtliche Rede farbig! Setze die fehlenden Satzzeichen!

Die Grille und die Ameise

Den ganzen Sommer über sammelte die Ameise fleißig ihre Vorräte für den Winter. Dabei vermisste sie ihre Freundin, die Grille. Sie fragte jeden Waldbewohner, den sie traf: Hast du die kleine Grille gesehen Die Eule sagte: Ich glaube, sie ist weggezogen Die Ameise entgegnete: Das würde sie nie tun, ohne mir Bescheid zu sagen Der Uhu riet der Ameise: Gib eine Suchanzeige in der Waldzeitung auf Dann wirst du sie finden

5 Schreibe aus diesen Stichworten eine Suchanzeige!

Grille
grüner Körper
musikalisch
zirpen
kann gut springen
melden bei Ameise

Bücher, Bücher …

1 Ordne die Medien in die Regale der Schulbücherei ein!

Sachbücher	Zeitschriften	Kinderbücher

2 Betrachte dein Sprachbuch und ein selbst gewähltes Buch.
Fülle die Tabelle aus!

Titel	**Sprachfreunde**	
Autor		
Illustrator		
Verlag		
Seitenanzahl		
Inhaltsverzeichnis		

★ Finde heraus, welche Kinderzeitschriften es gibt!

SF S. 115

Buchvorstellungen im Leporellobuch

1 Stelle dein Lieblingsbuch (erinnere dich an deine Buchvorstellung im 2. Schuljahr) vor.
Auf der nächsten Seite kannst du etwas zum Buch malen oder aufkleben.
Schneidet eure Seiten aus und klebt sie zu einem großen Klassen-Leporellobuch zusammen!

Faltlinie

Buchtitel:

Autor:

Verlag:

Inhalt der Geschichte:

Falz- und Kleberand

Faltlinie

Falz- und Kleberand

Wörter mit ss und ß

1 Entscheide, ob **ss** oder **ß**. Vervollständige die Tabelle!

drau ___ en • der Spa ___ • der Flu ___ • sü ___ • das Schlo ___
wi ___ en • sto ___ en • na ___ • flei ___ ig • la ___ en

ss	ß

2 Untersuche die Wörter mit **ß**! Was stellst du fest?

___

3 Setze die Verben in der Vergangenheitsform (Präteritum) ein!

Frau Keller ___ die Bibliothek auf. — schließen

Die Schüler ___ ihre Ranzen im Zimmer. — lassen

Selina und Peter ___ in der Leseecke. — sitzen

Paul ___ seinen Leseausweis. — vergessen

Aber Frau Keller ___, dass er das Buch gelesen hat. — wissen

★ Suche weitere Verben mit **ss** und schreibe sie auf!
Wie werden sie in der Vergangenheitsform (Präteritum) geschrieben?

Im Sommer

Mein Baumhaus

1 Ersetze alle Nomen durch Adjektive!

Zum Kindertag wollten wir eine ganz __________ Nacht verbringen. Meine Freunde und ich durften zum ersten Mal im Baumhaus schlafen. Das wollte ich schon immer, weil es __________ war. __________ war ich wirklich nicht. Das Wetter war __________. __________ trafen wir uns im Garten. Abends wurde es so hoch oben auf dem Baum ganz __________ und __________. Peter erzählte uns __________ Geschichten.

Abenteuer
Spaß, Angst
Herrlichkeit
Fröhlichkeit
Ruhe, Friede
Lust

2 Unterstreiche im Text alle Adjektive und sortiere sie in die Tabelle!

Am nächsten Morgen überraschten uns meine Eltern mit einer witzigen Idee. Sie brachten auf einem Tablett ganz wunderliche Speisen und machten uns neugierig darauf. Nach dieser Nacht waren wir sehr hungrig. Meine Mutti hatte ein appetitliches Essen zubereitet.

-ig	-lich
__________	__________
__________ __________	__________

★ Bilde Sätze mit den Wörtern **sommerlich** und **spaßig**!

SF S.122

Der geheimnisvolle Zettel am Baumhaus

Für die Sätze 3 und 4 musst du noch einmal am Anfang beginnen.

1 Unterstreiche jedes zweite Wort in der Geheimbotschaft!
Du kannst jetzt die Sätze 1 und 2 lesen. Für die Sätze 3 und 4 liest du alle anderen Wörter. Schreibe nun die vier Sätze auf!

Hier Um steht die eine Kiste wichtige zu Geheimbotschaft. öffnen,
Im brauchst Garten du einen einen Schritt Schlüssel. neben Dann dem
bekommst Apfelbaum du ist drei eine Wünsche Kiste frei. vergraben.

1

2

3

4

2 Wähle einen Wunsch aus und formuliere ihn!
Warum wünschst du dir das?

★ Warum ist nicht jeder Wunsch erfüllbar?

Was glaubst du?

Märchenhaftes

1 Lies und kreuze an, welche Überschrift am besten passen könnte!

Es war einmal ein Mann, der hatte sieben Söhne. Bevor der Mann starb, bekamen sechs Söhne je fünf Ziegen. Dem jüngsten Sohn schenkte er ein kleines Ei. Dieser sollte es draußen hüten und ihm jeden Tag etwas vorsingen. Eifrig erfüllte der Sohn den Auftrag des Vaters. Das Ei wuchs und wuchs und war bald größer als die Kate.

- ☐ Sieben Söhne bekommen etwas
- ☐ Das Ei, das immer größer wurde
- ☐ Der jüngste Sohn
- ☐ Fünf Ziegen

2 Was könnte in dem Ei sein? Schreibe drei Wünsche des Sohnes auf!

1 ____________________

2 ____________________

3 ____________________

3 Schreibe weiter!

Endlich, als er eines Tages wieder sang,

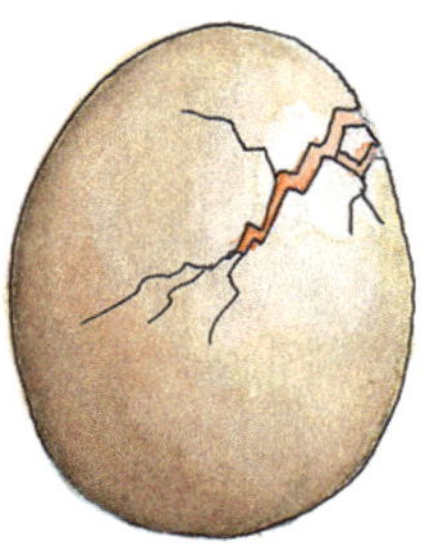

platzte das Ei und ...

____

____

____

____

★ Erforsche, welche Tiere alle Eier legen!

Wörter mit doppeltem Selbstlaut

1 Finde Wörter mit **aa**, **ee**, **oo**!

aa	**ee**	**oo**

2 Bilde lustige Zusammensetzungen!

Teeklee

3 Finde die Wörter mit den doppelten Selbstlauten!

aa • aa • ee • ee • ee • oo • oo

Gegenteil von voll ______ • großer Raum ______

fällt im Winter von Himmel ______

wächst auf dem Kopf ______ • fährt auf dem Wasser ______

großes Gewässer ______ • Tierpark ______

4 Ordne die Wörter aus Aufgabe 3 nach dem Alphabet!

★ Finde heraus, warum es kein **ii** und **uu** gibt!

Bist du fit?

Begrü ___ t mit uns die Schriftstellerin Frau Strau ___ . Sie wird aus ihrem Buch lesen und euch den Schulalltag verge ___ en la ___ en. La ___ t euch von der gro ___ artigen Autorin mitrei ___ en und entdeckt die Geheimni ___ e auf den na ___ en Ga ___ en zum Schlo ___ Finkenstein.
E ___ en und hei ___ e Getränke danach kostenlos vor der Bücherei.
Viel Spa ___ wünschen wir euch.

1 Setze **ss** und **ß** ein.

2 Bilde je zwei Zusammensetzungen!

Haar

Zoo

See

3 Kennzeichne die Wortgrenzen durch Striche!

sonnigfröhlichgiftigdurstigstaubigsaftigherrlichhungrigschmutzigneblig

4 Wähle vier Adjektive aus und bilde Wortgruppen!

5 Setze die richtigen Wörter ein!

lassen
er lässt
er ließ

essen
sie ______
sie ______

______
er missst
er ______

wissen
ich ______
ich ______

______
sie ______
sie vergaß

6 Was wünschst du dir für den Sommer?
Schreibe die Wünsche auf und begründe sie!

Wunsch, den man kaufen kann: ______

______

______

Wunsch, den man nicht kaufen kann: ______

______

______

Wunsch, den man weder kaufen noch selber machen kann: ______

______

______

Sprachfreunde 3

Arbeitsheft
Ausgabe Nord

Erarbeitet von
Susanne Kelch, Andrea Knöfler, Heike Schindler, Heike Wessel
und der Redaktion Primarstufe

Unter Einbeziehung der Ausgabe von
Ilse Noack, Eva Tosch, Peter Sonnenburg, Christine Szelenko, Helen Fürniß, Nina Bartonicek

Unter Beratung von
Simone Adler (Pirna), Christiane Blume (Torgelow), Dagmar Diewald (Altenburg),
Colette Hoffmann (Magdeburg), Katrin Junghänel (Zwickau), Heike Keitel (Wittenberg),
Sigrun Nowak (Hohen Neuendorf), Gerhild Schenk (Werneuchen)

Redaktion: Kirsten Pauli
Illustration: Barbara Schumann, Uta Bettzieche (Hund und Detektiv)
Umschlaggestaltung: tritopp, Berlin; Christa Unzner, Gerhard Medoch, Uta Bettzieche
Layout und technische Umsetzung: tritopp, Berlin

Quellen
S. 46: Wolfgang Lunghardt: In einem Baum. Aus: Ein Baum ist Leben. Kaufmann Verlag, Lahr o. J.

www.vwv.de

1. Auflage, 7. Druck 2014

© 2010 Cornelsen Verlag/Volk und Wissen Verlag, Berlin
© 2013 Cornelsen Schulverlage GmbH, Berlin

Das Werk und seine Teile sind urheberrechtlich geschützt.
Jede Nutzung in anderen als den gesetzlich zugelassenen Fällen bedarf der vorherigen schriftlichen Einwilligung des Verlages.
Hinweis zu den §§ 46, 52 a UrhG: Weder das Werk noch seine Teile dürfen ohne eine solche Einwilligung eingescannt und in ein Netzwerk eingestellt oder sonst öffentlich zugänglich gemacht werden.
Dies gilt auch für Intranets von Schulen und sonstigen Bildungseinrichtungen.

Druck: Stürtz GmbH, Würzburg

Arbeitsheft
ISBN 978-3-06-080719-2

Arbeitsheft + CD-ROM
ISBN 978-3-06-080722-2

PEFC
PEFC/04-31-1404

PEFC zertifiziert
Dieses Produkt stammt aus nachhaltig bewirtschafteten Wäldern und kontrollierten Quellen.
www.pefc.de